Lapbook Fledermaus

Die Nachtschwärmer kreativ erarbeiten

1. Auflage 2023

Idee und Text: Gabriela Rosenwald
Coverbilder: © Bernd Wolter – AdobeStock.com
Redaktion: Kohl-Verlag
Grafik & Satz: Tatjana Wörner & Kohl-Verlag
Druck: Druckhaus Flock, Köln

Bestell-Nr. 13 009

ISBN: 978-3-98841-044-3

Bildquellen: © AdobeStock.com

S. 4: Victoria Pak; **S. 5:** godesignz (2x); **S. 6:** Victoria Pak; **S. 7:** yulyyulia, Geza Farkas; **S. 9:** creativenature.nl, Pluto Mc, Uwe Schmidt; **S. 10:** Ivan Kuzmin, azami, corlaffra, Mulderphoto, Elena, Ghen, Zeitgugga6897, Lillian; **S. 11:** Elena, Ghen, Ivan Kuzmin, Lillian; **S. 12:** azami, corlaffra, Mulderphoto, Zeitgugga6897; **S. 14:** Dosiado; **S. 15:** Joachim Neumann, **S. 15:** Tartila; **S. 18:** Djessi85; **S. 19:** tigatelu, warmworld; **S. 20:** tigatelu, warmworld, designua; **S. 21:** PurMoon; **S. 22:** SpicyTruffel; **S. 23:** Studio623, GD schaarschmidt, yganko, Zolran, Tomas Ragina; **S. 24:** topvectors; **S. 25:** Eric Isselée (4x), ksena32, Michael Böhm, Tatiana; **S. 27:** InfoWizard, SpicyTruffel, martialred; **S. 30:** PIXATERRA, Michal Wyka.wirestock; **S. 31:** Robin, Louis; **S. 32:** yulyyulia

Bildquellen: © wikipedia.com

S. 8+9: Desmodus_rotundus_distribution_map_1, Worldwide_distribution_of_Pteropodidae, A proietti; **S. 10+11:** Guido Gerding; **S. 15:** WasserfledermausMyotis, Evgeniy Yakhontov; **S. 23:** Gilles San Martin from Namur, Belgium; **S. 30:** MissMhisi; **S. 31:** WasserfledermausMyotis

Unsere Lizenzmodelle

Der vorliegende Band ist eine Print-Einzellizenz

Sie wollen unsere Kopiervorlagen auch digital nutzen? Kein Problem – fast das gesamte KOHL-Sortiment ist auch sofort als PDF-Download erhältlich! Wir haben verschiedene Lizenzmodelle zur Auswahl:

	Print-Version	PDF-Einzellizenz	PDF-Schullizenz	Kombipaket Print & PDF-Einzellizenz	Kombipaket Print & PDF-Schullizenz
Unbefristete Nutzung der Materialien	x	x	x	x	x
Vervielfältigung, Weitergabe und Einsatz der Materialien im eigenen Unterricht	x	x	x	x	x
Nutzung der Materialien durch alle Lehrkräfte des Kollegiums an der lizenzierten Schule			x		x
Einstellen des Materials im Intranet oder Schulserver der Institution			x		x

Die erweiterten Lizenzmodelle zu diesem Titel sind jederzeit im Online-Shop unter www.kohlverlag.de erhältlich.

Inhalt

Vorwort

Fledermäuse sind faszinierende Tiere: Es sind die einzigen Säugetiere, die fliegen können. Sie haben Zähne, ein Fell und bringen lebende Junge zur Welt. Sie orientieren sich durch Echoortung. Die Weibchen speichern den männlichen Samen den Winter über und befruchten ihre Eizelle zum passenden Zeitpunkt im Frühjahr.

Hier soll auf interessante und doch einfache Weise den Schüler/innen Wissen über das Leben der Fledermäuse vermittelt werden. Das geschieht in Form eines Lapbooks.

Doch was ist ein Lapbook?

Ein Lapbook wird meist aus einem Fotokarton oder Tonkarton hergestellt, der auf unterschiedliche Weise gefaltet und eingeschnitten werden kann. In einem solchen Lapbook können mit Hilfe von Faltbüchern, Leporellos, Minibüchern und verschiedenen Faltformen auf engem Raum viele Aussagen angeordnet werden. Die Kinder können beim Gestalten ihrer Fantasie freien Lauf lassen und ihre Ideen und Gedanken einbringen.

Erfolgreiches Lernen und viel Spaß wünschen Ihnen der Kohl Verlag und

Gabriela Rosenwald

Und so sieht es aus:

LAPBOOK FLEDERMAUS
Die Nachtschwärmer kreativ erarbeiten – Bestell-Nr. 13 009
KOHL VERLAG

Arbeitspass

Name: ______________________________

Klasse: _____________

Seite	Thema	begonnen	erledigt

Materialliste, Lapbook basteln

Was brauchst du?

- Schere, für runde Formen evtl. Nagelschere
- Klebstoff
- 1 Papiermappe oder 1 bunte DIN A3 Pappe + 1 buntes DIN A4 Blatt (Variante 2).
- Verschiedene Stifte, z. B. Bunt-, Faser-, Wachsmalstifte (+ weißer Stift)
- Büroklammern
- 1 Klarsichthülle (um angefangene Papierteile sicher aufzubewahren)
- Papierschnipsel, Sticker, Stanzteile, Bilder ... alles, was zum Thema Fledermaus passt, zum Verzieren

So gestaltest du dein Lapbook

1. Variante

- Suche dir einen farbigen Fotokarton in der Größe DIN A3.
- Falte den Karton in der Mitte und klappe ihn wieder auseinander.
- Schon hast du ein Lapbook! Du kannst nun das Titelbild aufkleben und den Inhalt gestalten und einkleben. Überlege gut, bevor du den Innenteil befestigst.

2. Variante

- Nimm wieder einen farbigen Fotokarton.
- Falte den Karton in der Mitte. Danach faltest du die rechte und die linke Seite des Kartons zur Mitte hin. Klappe den Karton wieder auseinander. Nun sind 3 Knicke entstanden.

- Du kannst jetzt ein farbiges DIN A4 Blatt in die Mitte kleben. Dann klappst du die Seitenteile zu. Dein Lapbook ist fertig!
- Das Titelbild teilst du in der Mitte und klebst es auf.

KOHL VERLAG LAPBOOK FLEDERMAUS Die Nachtschwärmer kreativ erarbeiten – Bestell-Nr. 13 009

Materialliste, Lapbook basteln

Lapbook – Variationen

Wenn der Platz nicht reicht, weil du noch mehr erfahren hast oder einige Bilder einfügen möchtest: dann wird dein Lapbook einfach erweitert!

Du kannst oben und unten, rechts und links weitere Klappen ankleben. Am besten klebst du die Klappen mit einem breiten Klebestreifen fest.

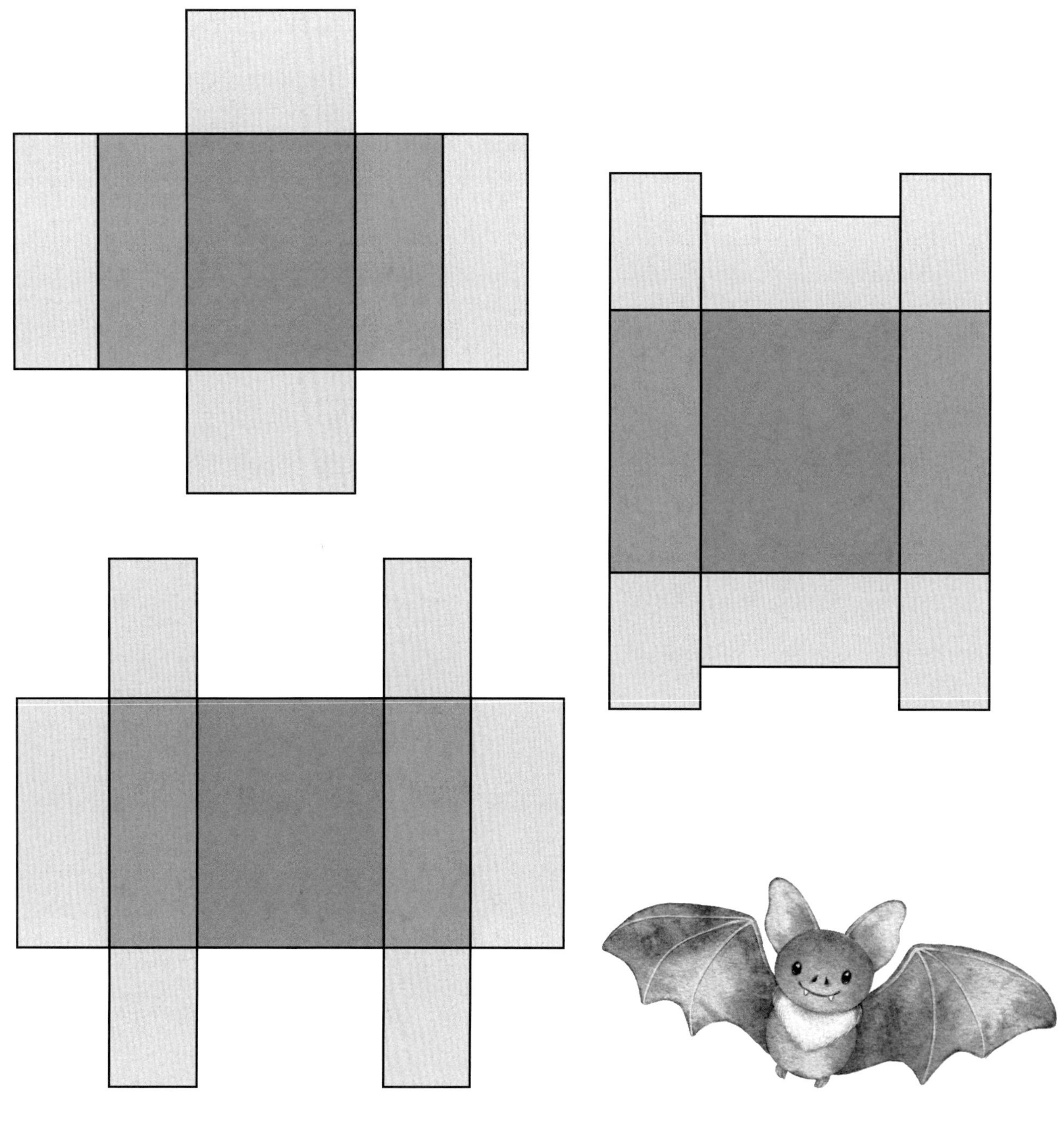

Mein Fledermaus-Lapbook

Name: ______________________________

Wo leben Fledermäuse?

Schneide die Form auf dieser Seite aus. Knicke sie nach den Vorgaben. Schneide dann die Kärtchen auf der nächsten Seite aus. Die rechten Bilder mit den Landkarten klebst du auf die Vorderseite der Vorlage. Die Kärtchen mit den Texten klebst du auf die Rückseite.

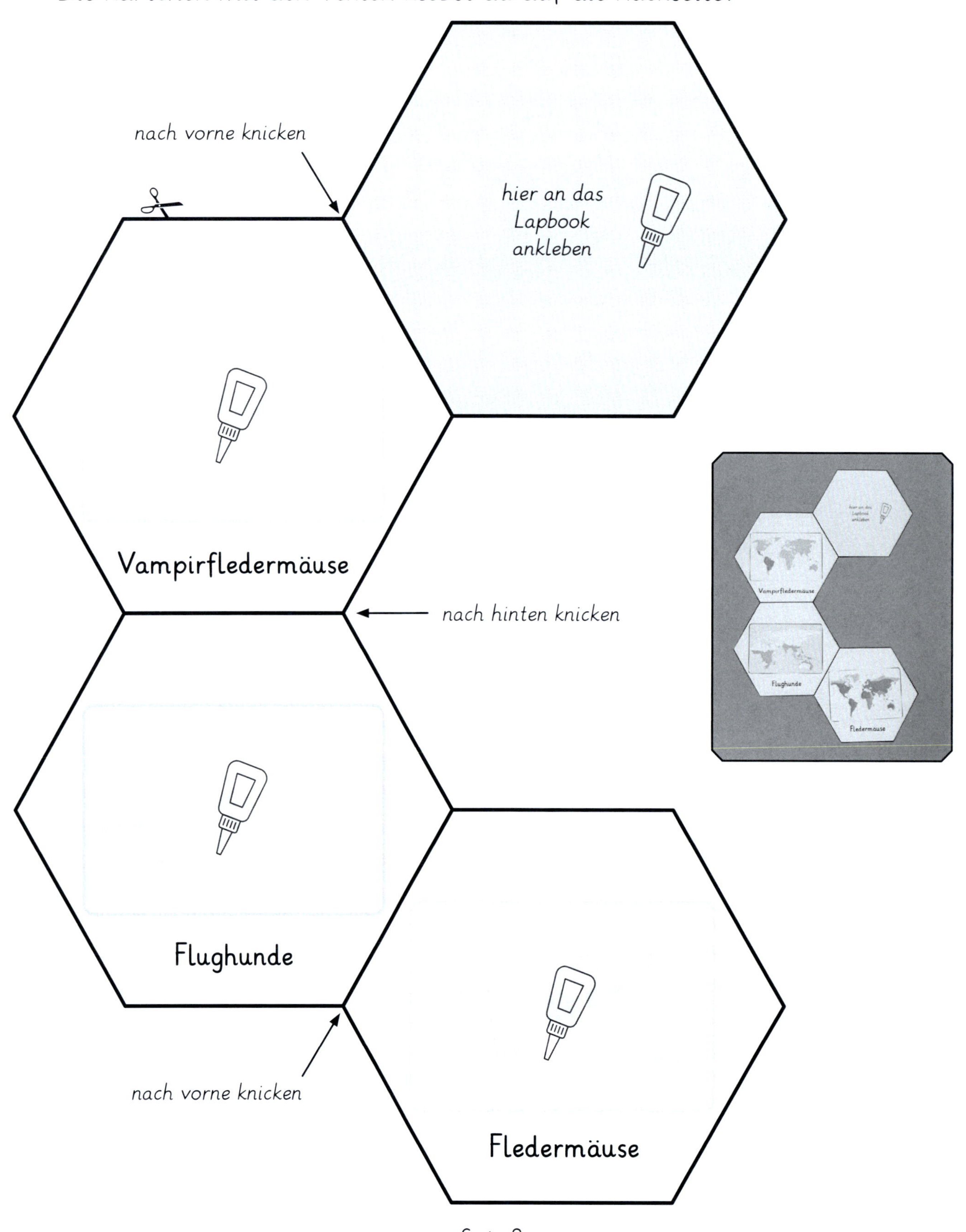

Wo leben Fledermäuse?

Fledermäuse sind fast auf allen Kontinenten der Erde zu finden, nur in der Antarktis nicht. In anderen polaren Regionen sowie auf entlegenen Inseln fehlen sie auch.

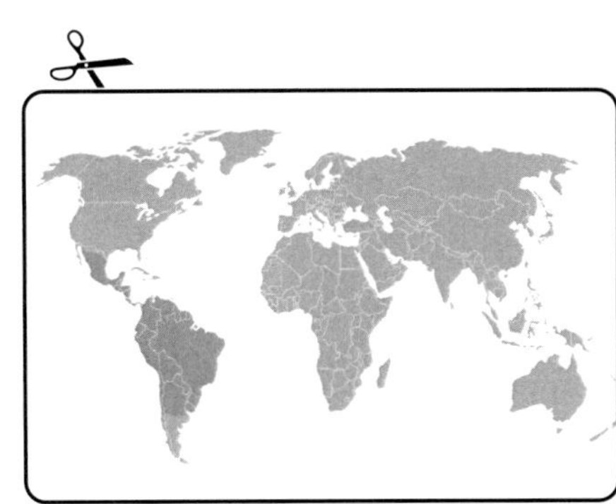

Flughunde sind in tropischen und subtropischen Gegenden in Afrika, im Indischen Ozean, im südlichen Asien, Australien und Ozeanien verbreitet.

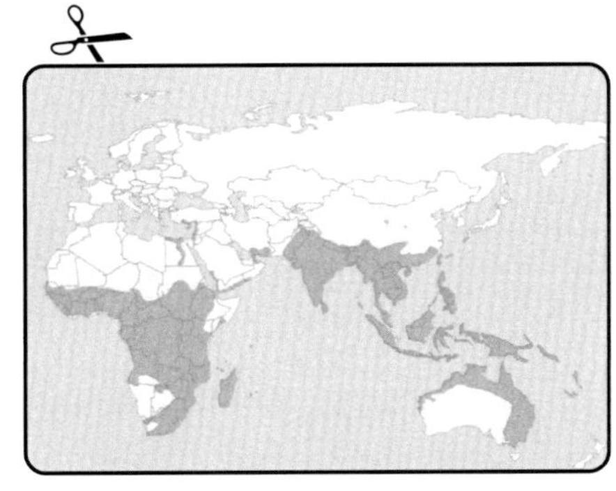

Vampirfledermäuse sind die einzigen Säugetiere, die sich nur von Blut ernähren. Meist nutzen sie Rinder, Schweine und Hühner als Wirte – manchmal aber auch Menschen.

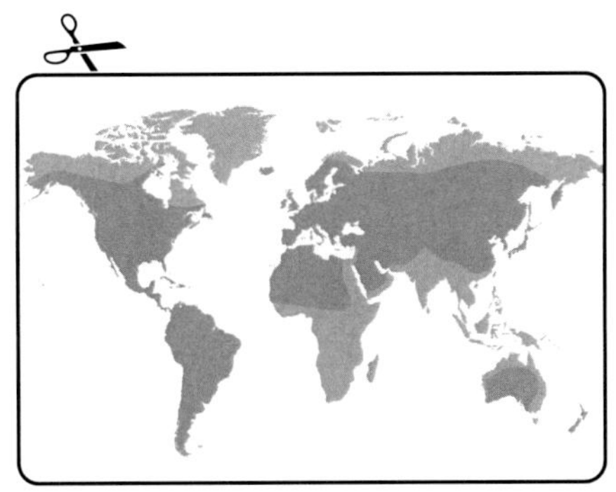

KOHL VERLAG
LAPBOOK FLEDERMAUS
Die Nachtschwärmer kreativ erarbeiten – Bestell-Nr. 13 009

Wo die Fledermäuse wohnen

Es gibt 22 Fledermausarten in Deutschland. Im Winter schlafen sie, weil sie dann keine Insekten finden. Winterwohnungen sind zum Beispiel Baumhöhlen, Dachstühle, Kirchtürme, Burgruinen, Erdhöhlen und Mauerspalten. Auch im Sommer leben sie tagsüber in Baumhöhlen, Mauerspalten und Dachstühlen.

Schneide die folgenden Teile aus und füge sie passend in das Leporello auf den nächsten zwei Seiten ein. Schneide es aus und füge es zusammen. Klebe die Rückseite von Teil 8 in dein Lapbook.

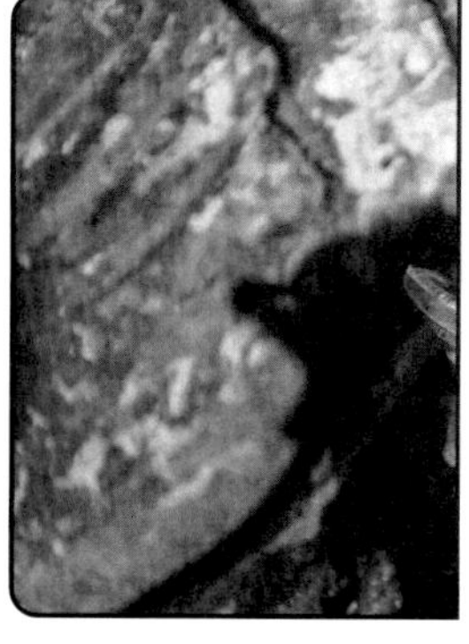

Wo die Fledermäuse wohnen

nach hinten knicken

nach vorne knicken

Wo die Fledermäuse wohnen

Fledermäuse ziehen mehrmals im Jahr um. Die Wohnungen werden Quartiere genannt.

hier das passende Teil ankleben

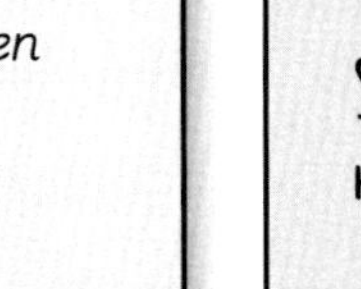

hier Teil 2 ankleben

2

Im Frühling, meist im März oder April, erwachen sie im Winterquartier.

hier das passende Teil ankleben

hier Teil 3 ankleben

3

Dann ziehen sie in die Wochenstuben.

hier das passende Teil ankleben

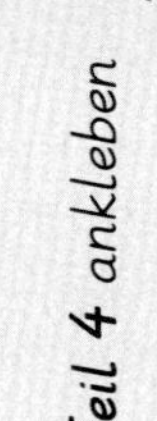

hier Teil 4 ankleben

4

Dort wohnen sie auch im Sommer – auf dem Dachboden, in Kirchen, Ställen und Häusern.

hier das passende Teil ankleben

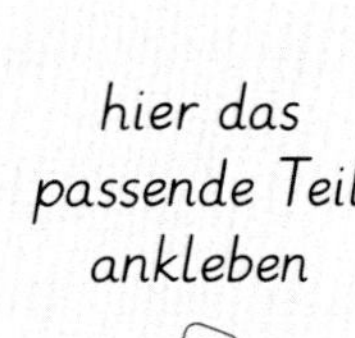

hier Teil 5 ankleben

KOHL VERLAG LAPBOOK FLEDERMAUS Die Nachtschwärmer kreativ erarbeiten – Bestell-Nr. 13 009

Wo die Fledermäuse wohnen

nach hinten knicken

nach vorne knicken

Rückseite von diesem Teil an das Lapbook ankleben

Körperbau der Fledermaus

Schneide das Kuvert auf der nächsten Seite aus, falte es an den gestrichelten Linien nach hinten und klebe es mit den seitlichen Klebelaschen zusammen. Ergänze dann die Texte auf dieser Seite und verwahre sie im Umschlag.

1 Ihre Flügel sind eigentlich ____________ und Hände. Wie wir Menschen haben sie einen ____________ und vier Finger.

2 Sie haben ____________ ____________ Fingerknochen.

3 Anstelle von ____________ wie bei den Vögeln spannt sich zwischen den Fingerknochen eine ____________________.

4 Die großen __________ können das Echo der Schallwellen, die sie aussenden, sehr gut empfangen.

5 Fledermäuse sind die einzigen Säugetiere auf der Welt, die ____________ können.

6 Wenn sie auf einem Ast sitzen will, krallt sie sich ________ und hängt mit dem ________ nach unten.

7 Sie kann zwar prima fliegen, ist zum ____________ aber überhaupt nicht geeignet.

KOHL VERLAG LAPBOOK FLEDERMAUS Die Nachtschwärmer kreativ erarbeiten – Bestell-Nr. 13 009

Körperbau der Fledermaus

Klebelasche

hier an das
Lapbook
ankleben

Klebelasche

Körperbau der Fledermaus

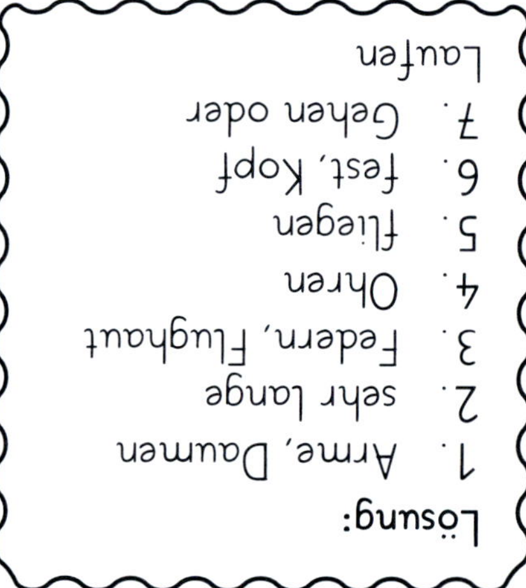
Lösung:
1. Arme, Daumen
2. sehr lange
3. Federn, Flughaut
4. Ohren
5. fliegen
6. fest, Kopf
7. Gehen oder Laufen

Nahrung der Fledermäuse

Schneide die Mappe auf der nächsten Seite aus (mit 3 einzelnen Klappen!) und falte sie an der gestrichelten Linie nach hinten.

Klebe den langen Balken ganz rechts auf die Mappe. Ergänze die 3 Infotexte (Lösung ganz unten) und klebe sie jeweils passend links neben den Balken.

Das große Mausohr hält im ____________, knapp über dem Waldboden, nach Laufkäfern, Hundertfüßern, ______________ und Käferlarven Ausschau.

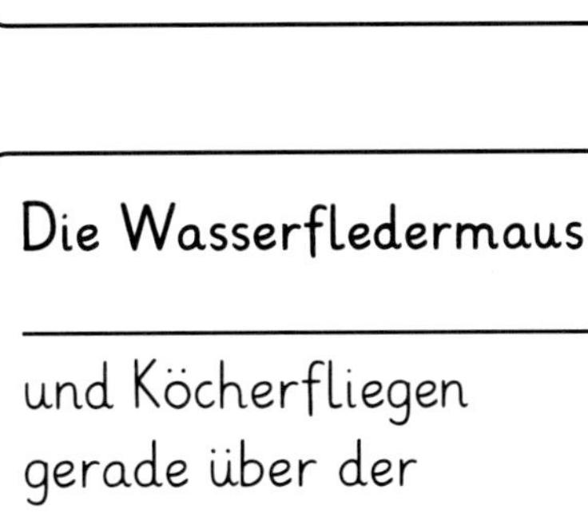

Die Wasserfledermaus fängt

____

und Köcherfliegen gerade über der

____

von Teichen und Seen.

Die Zwergfledermaus frisst vor allem Mücken und kleine ______________. Dabei können schon mal bis zu ________ Mücken pro Nacht vertilgt werden.

N A H R U N G D E R F L E D E R M A U S

LAPBOOK FLEDERMAUS
Die Nachtschwärmer kreativ erarbeiten – Bestell-Nr. 13 009
KOHL VERLAG

Nahrung der Fledermäuse

nach hinten knicken

hier an das Lapbook ankleben

hier das Bild ankleben

hier das Bild ankleben

hier das Bild ankleben

Lösung:
Großes Mausohr: Flug, Spinnen
Wasserfledermaus: Zuckmücken, Wasseroberfläche
Zwergfledermaus: Fliegen, 1000

Fledermaus – Ultraschall

Schneide die Texte aus und klebe sie auf die Fahnen (nächste Seite).

Schneide die Fahnen aus, loche die Kreismarkierungen und verbinde so den Fahnenstapel mit einer Musterklammer. Die letzte Fahne kannst du am Lapbook ankleben.

1 Fledermäuse stoßen Laute durch ihren Mund oder die Nase aus. Diese Laute kann der Mensch aber nicht hören. Solche Töne nennt man Ultraschall.

2 Wenn dieser Ultraschall auf ein Hindernis trifft, dann kommt das Echo zur Fledermaus zurück. Sie weiß nun genau, dass etwas im Weg ist.

3 Auch ihre Beutetiere kann sie so erkennen. Nachtfalter oder Mücken frisst sie direkt aus der Luft.

4 So weiß die Fledermaus ganz genau, wo sie sich selbst und wo sich ihre Beute aufhält.

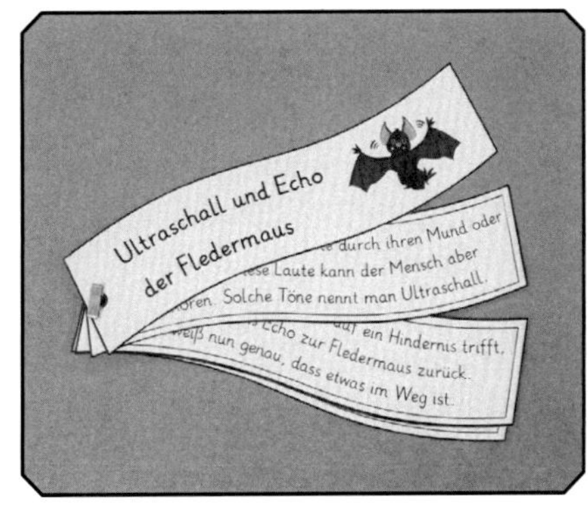

KOHL VERLAG LAPBOOK FLEDERMAUS Die Nachtschwärmer kreativ erarbeiten – Bestell-Nr. 13 009

Fledermaus – Ultraschall

Ultraschall und Echo der Fledermaus

hier das
passende Teil
ankleben

hier das
passende Teil
ankleben

hier das
passende Teil
ankleben

hier das
passende Teil
ankleben

Rückseite von diesem Teil an das Lapbook ankleben

Fledermaus – Echo-Ortung

Schneide das Mäppchen auf der nächsten Seite aus und falte es an der gestrichelten Linie nach hinten. Ergänze die 2 Infotexte (Lösung ganz unten) und klebe sie jeweils auf die Rückseite oben und unten.

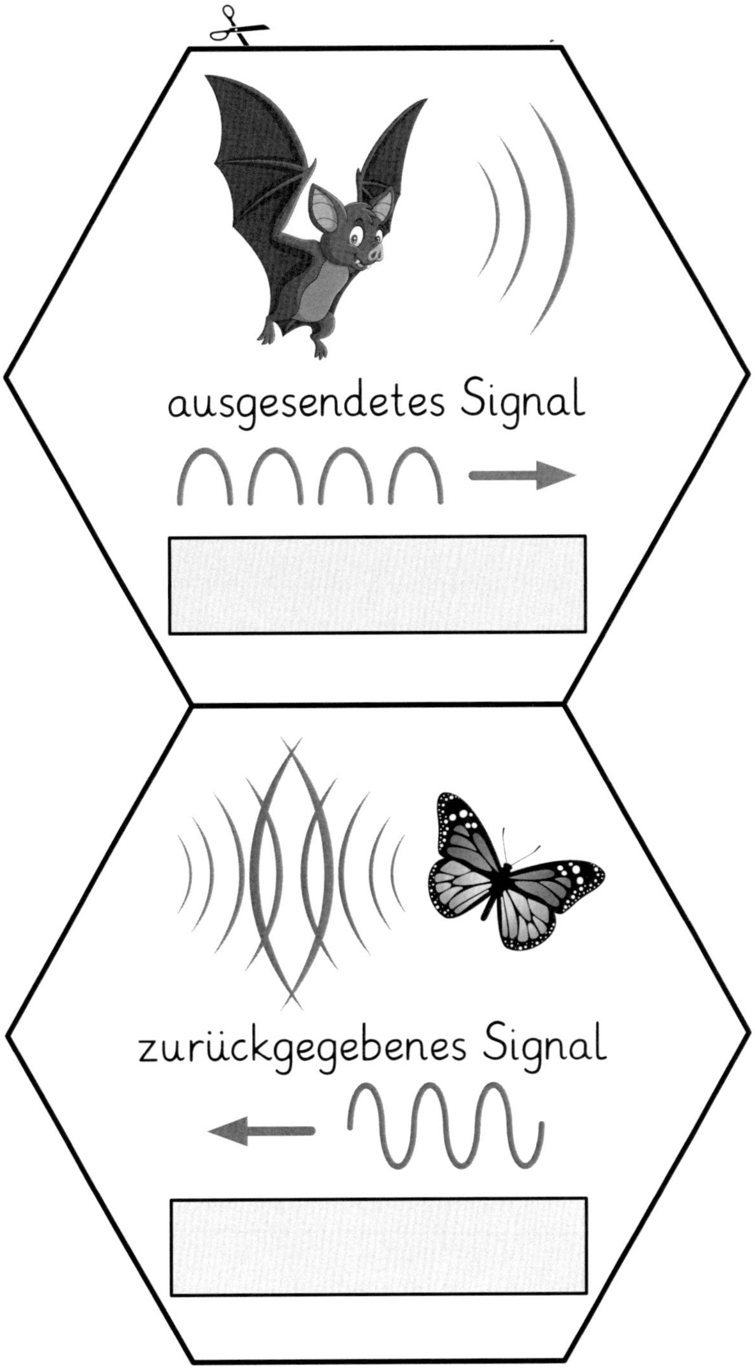

ausgesendetes Signal
zurückgegebenes Signal

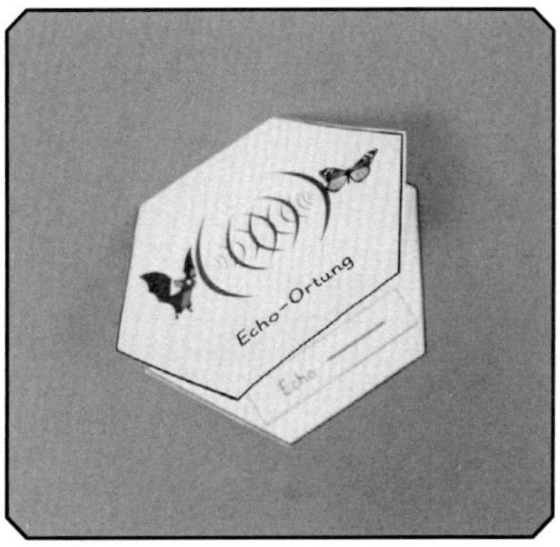

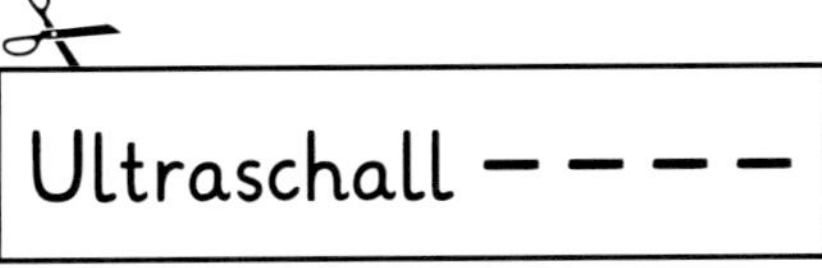

Echo-Ortung
Echo

Ultraschall – – – –	Echo ————

LAPBOOK FLEDERMAUS
Die Nachtschwärmer kreativ erarbeiten – Bestell-Nr. 13 009
KOHL VERLAG

Fledermaus – Echo-Ortung

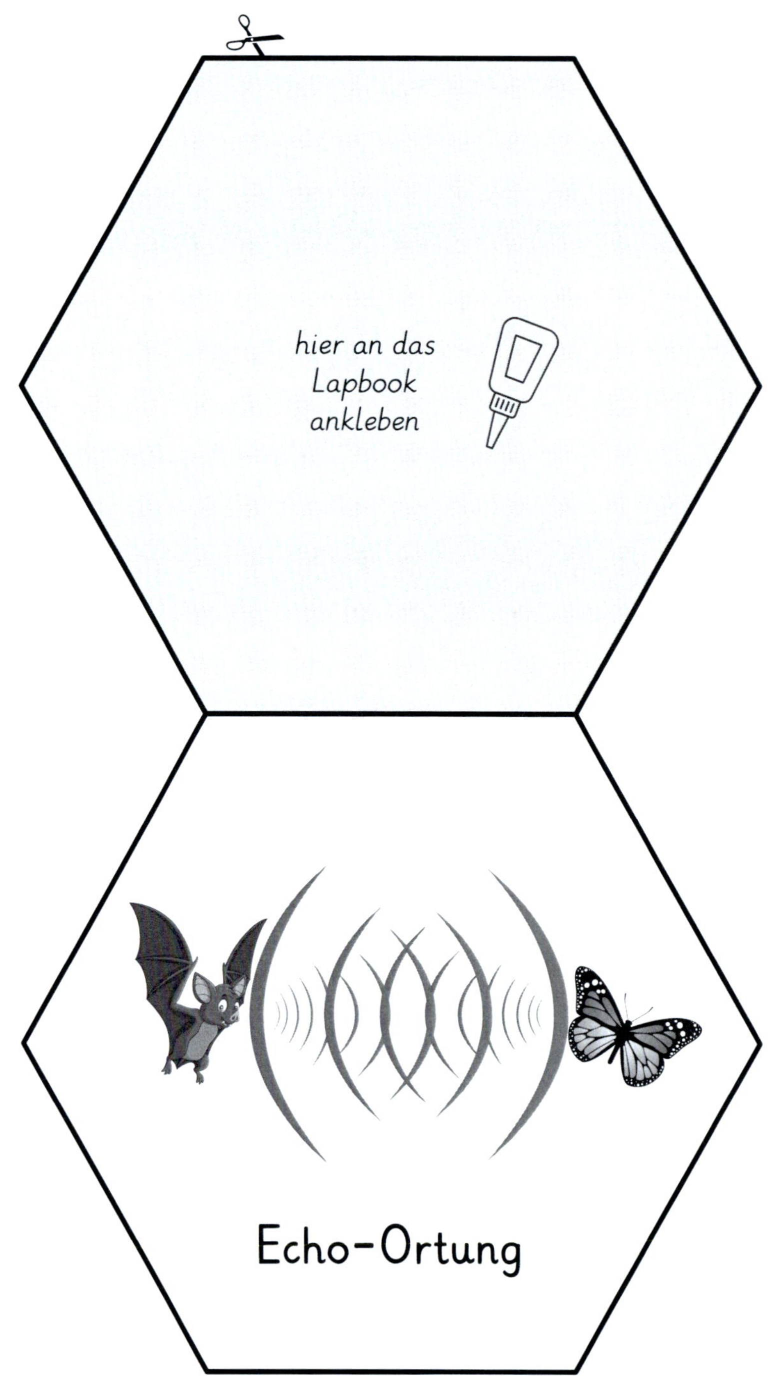

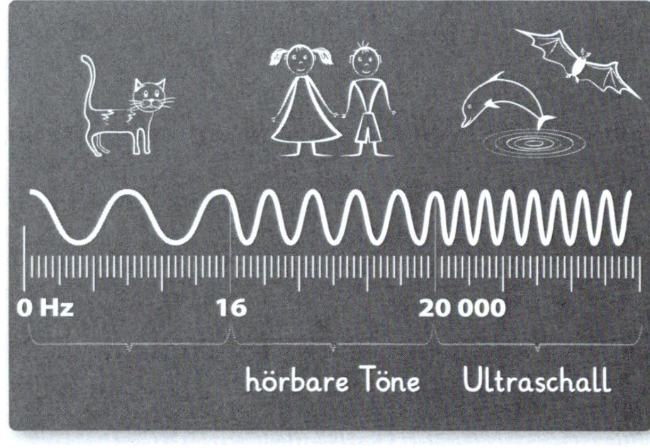

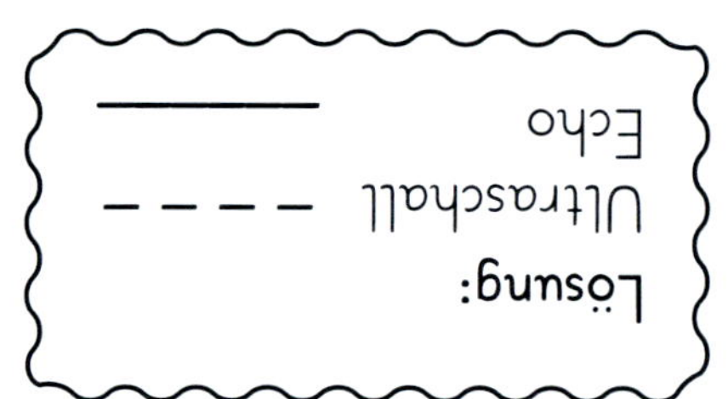

Paarung und Fortpflanzung

Schneide den Umschlag aus, falte ihn an den gestrichelten Linien nach hinten und klebe ihn mit den seitlichen Klebelaschen zusammen.

Schneide die Texte an der äußeren Linie aus. Alle Teile übereinanderlegen und auf den grauen Flächen zusammenkleben. Beachte die Reihenfolge!

Fledermäuse paaren sich nicht im Frühling, sondern im Herbst. In warmen Herbstnächten zwitschern die Männchen auch für uns Menschen hörbar.

Die Weibchen bewahren das Sperma im Körper auf. Nach Beendigung des Winterschlafs befruchten sie dann eine Eizelle. Kein anderes Tier kann den Samen über Winter speichern!

Bei manchen Arten findet aber die Befruchtung auch gleich nach der Paarung statt. Doch die Einnistung des befruchteten Eis wird verzögert, damit die Kleinen nicht im Winter zur Welt kommen.

Nun beginnt eine kleine Fledermaus zu wachsen: die Tragzeit beginnt. Es dauert 6 – 8 Wochen, bis ein Junges geboren wird.

In ihren Sommerquartieren angekommen, finden sich die Weibchen zu Gesellschaften zusammen, den sogenannten Wochenstuben. Ende Mai bis Ende Juni kommen die Jungen zur Welt.

Fledermäuse gebären ein, selten zwei Junge pro Jahr. Diese werden von der Mutter ungefähr 4 – 6 Wochen gesäugt, bis sie flügge sind.

KOHL VERLAG
LAPBOOK FLEDERMAUS
Die Nachtschwärmer kreativ erarbeiten – Bestell-Nr. 13 009

Paarung und Fortpflanzung

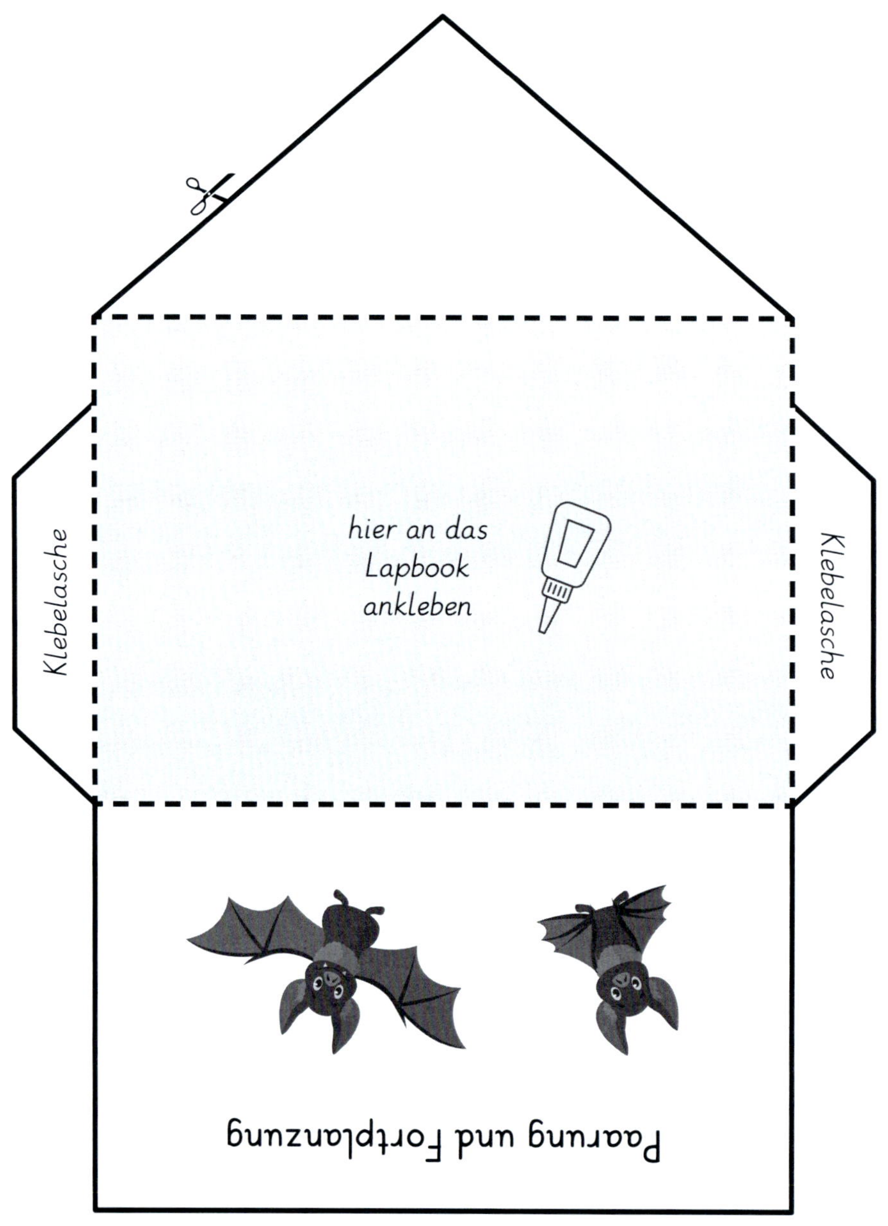

KOHL VERLAG LAPBOOK FLEDERMAUS
Die Nachtschwärmer kreativ erarbeiten – Bestell-Nr. 13 009

Der Winterschlaf

Schneide die Textfelder aus und klebe sie in der richtigen Reihenfolge auf den Pfeil auf der nächsten Seite. Schneide den Pfeil aus, knicke die oberste Linie nach hinten, die nächste nach vorn und so weiter (Ziehharmonika). Das letzte Feld klebst du an dein Lapbook.

Im Winter gibt es kaum Insekten und Spinnen. Fledermäuse finden keine Nahrung mehr. So machen sie einen Winterschlaf wie der Igel.

Im Sommer und Herbst fressen sie sich einen Fettvorrat an, damit sie den Winter überstehen.

Im Oktober suchen sie sich ein Winterquartier. Es muss ruhig, kühl und dunkel und ein wenig feucht sein.

Der Winterschlaf dauert mindestens von November bis März, das ist fast ein halbes Jahr.

In alten Bergwerken, Höhlen, Speichern oder Kellern sind sie mit vielen Fledermäusen zusammen. So können sie sich auch gegenseitig wärmen.

Im Winterschlaf senken sie ihre Körpertemperatur von 38 Grad Celsius auf 4 – 6 Grad Celsius. In einer Stunde machen sie ganz wenige Atemzüge.

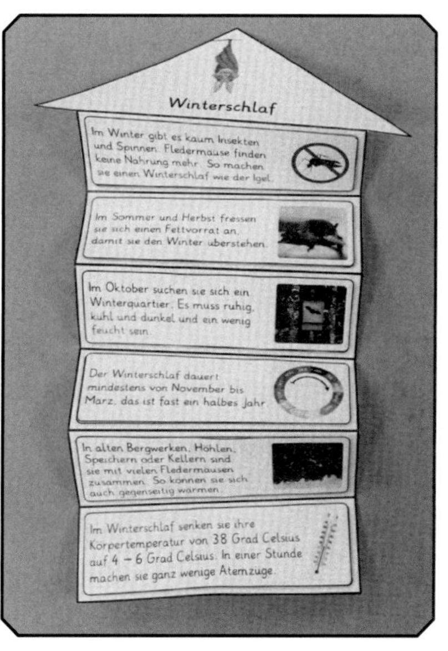

LAPBOOK FLEDERMAUS
Die Nachtschwärmer kreativ erarbeiten – Bestell-Nr. 13 009
KOHL VERLAG

Der Winterschlaf

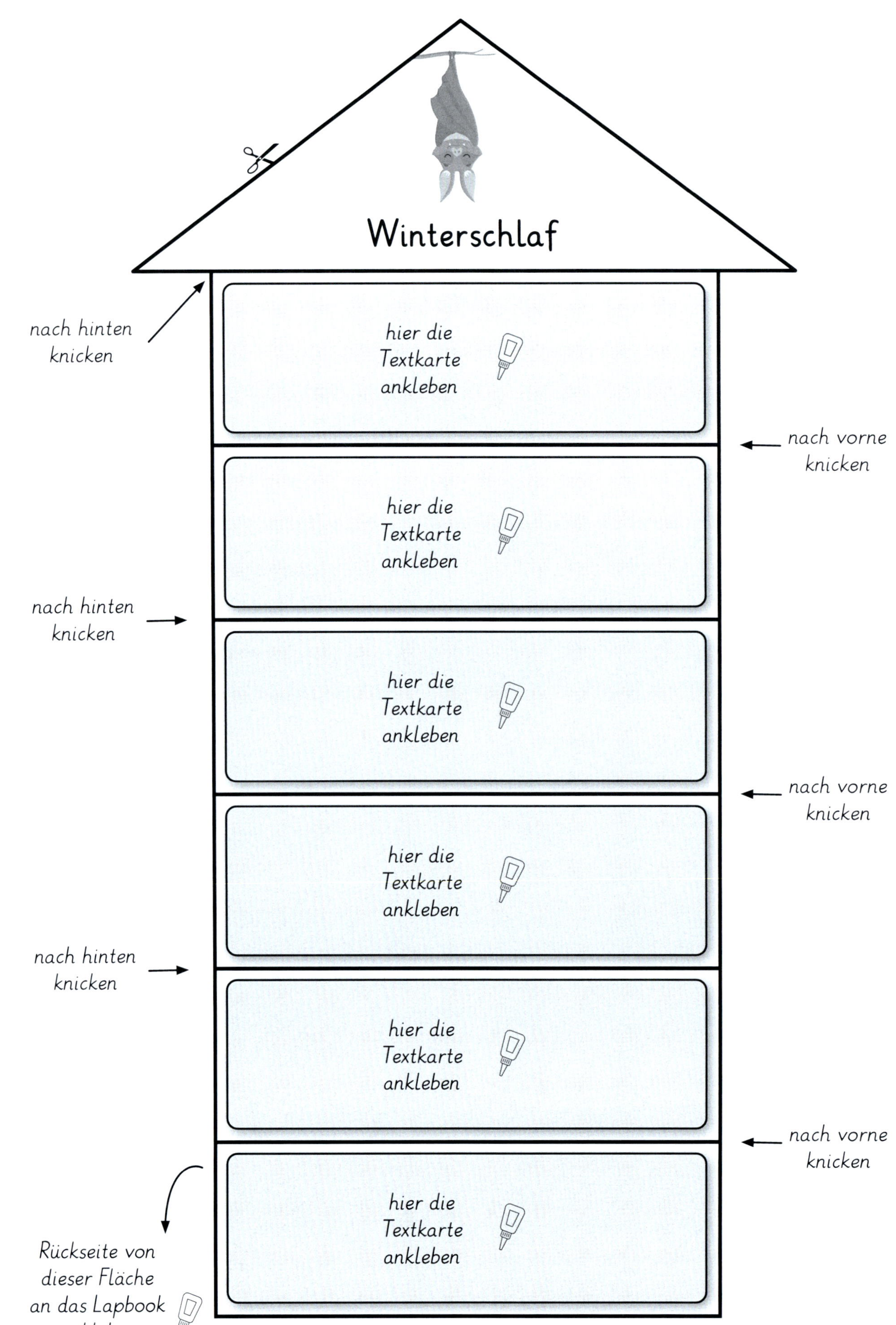

Lernen mit Erfolg
LAPBOOK FLEDERMAUS

Feinde der Fledermaus

Schneide die Form auf der nächsten Seite aus. Klebe die Bilder richtig zu den Namen. Klebe die Texte auf die Rückseite der Bilder. Den Text im Kreis klebst du in die Mitte. Falte die Form zusammen und füge sie in dein Lapbook ein.

Eulen schlafen tagsüber, und in der Abenddämmerung beginnen sie ihre Beute zu suchen. Sie können sehr gut hören. Die größte Eule ist der Uhu.

Greifvögel sind z. B. Habichte, Sperber und Falken. Sie können sehr gut sehen. Ihre Beute können sie sogar manchmal im Flug packen.

Am meisten schadet jedoch der Mensch den Fledermäusen. Durch Land- und Bauwirtschaft vernichtet er die Lebensräume und Nahrungsquellen der kleinen Flieger.

Katzen sind vor allem in der Dämmerung und in der Nacht aktiv. Sie können sehr gut hören und auch das Piepsen von Mäusen und Fledermäusen wahrnehmen.

Mit **Marder** meint man bei uns den Steinmarder oder den Baummarder. Zusammen sind sie die „Echten Marder". Marder sind nachtaktiv.

LAPBOOK FLEDERMAUS
Die Nachtschwärmer kreativ erarbeiten – Bestell-Nr. 13 009
KOHL VERLAG

Feinde der Fledermaus

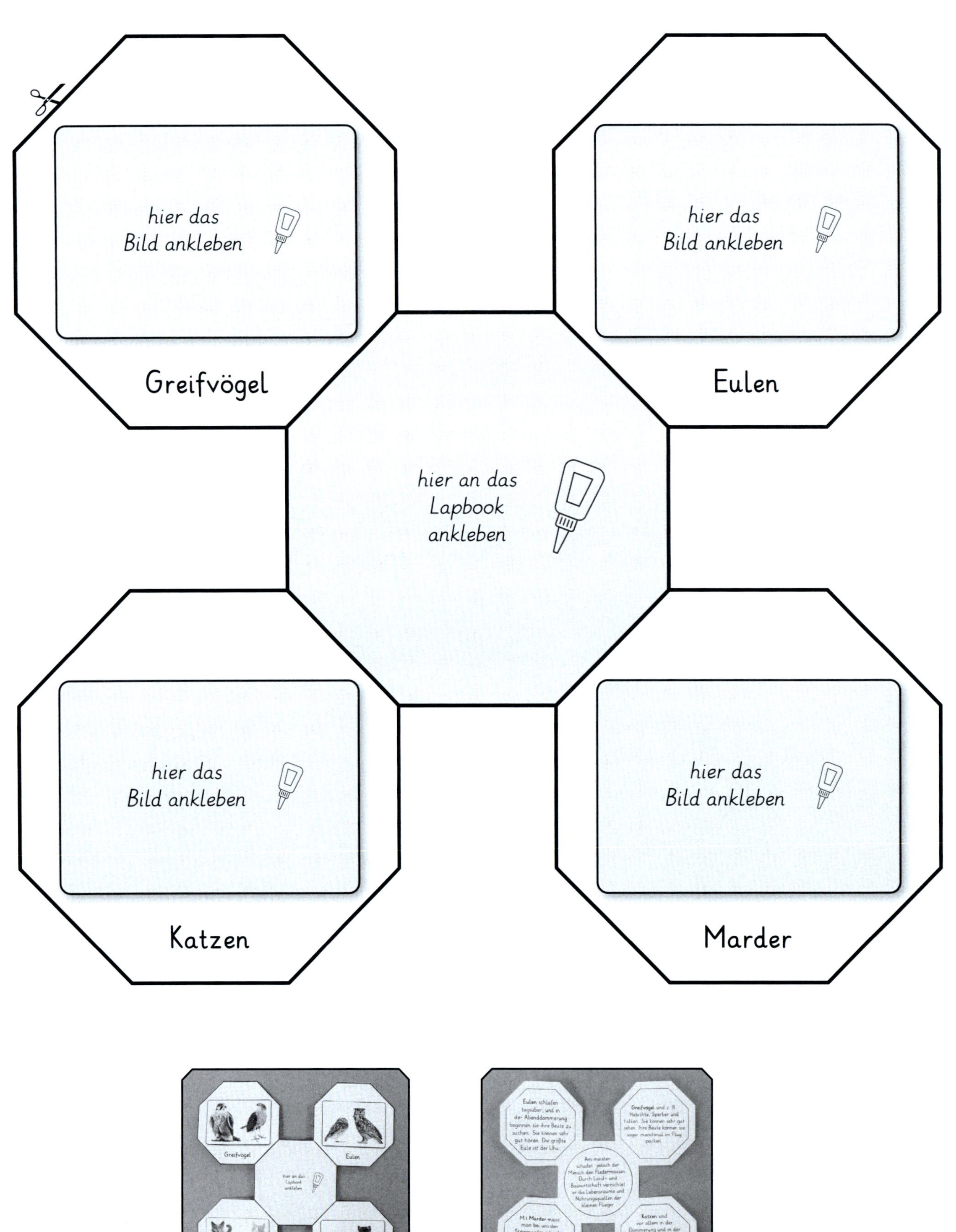

LAPBOOK FLEDERMAUS

Jahreslauf der Fledermaus

Schneide die Blume auf der nächsten Seite aus. Falte sie an den gestrichelten Linien nach hinten.

Schneide die Kärtchen aus und ordne sie richtig zu. Klebe die Kärtchen jeweils auf die Rückseite der Monatsnamen. Klebe das Bild in die Mitte.

Flug ins Sommerquartier (Wochenstuben)	Geburt und Aufzucht der Jungen	Auflösung der Wochenstuben
Winterschlaf	Paarung	Flug ins Winterquartier

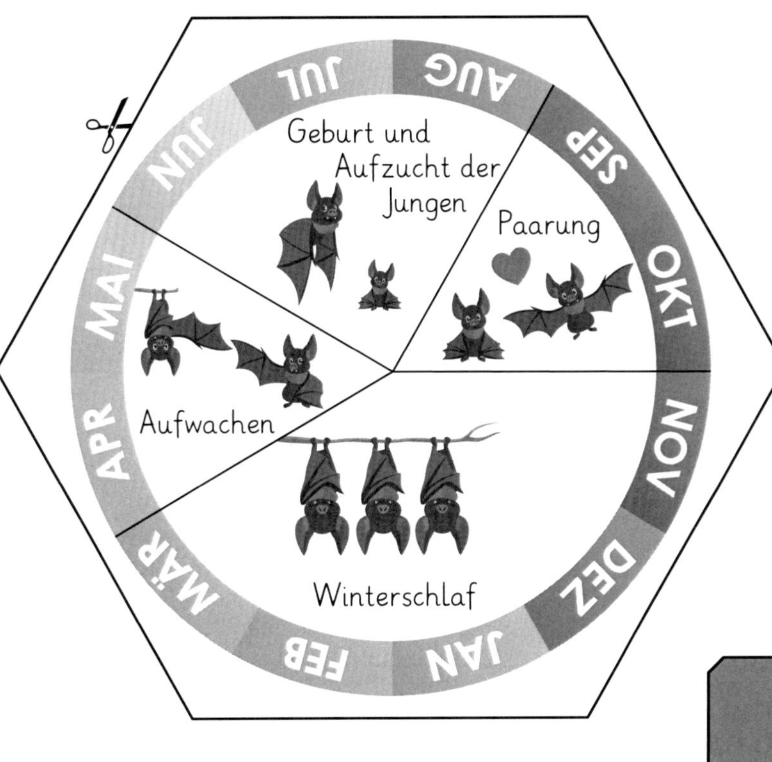

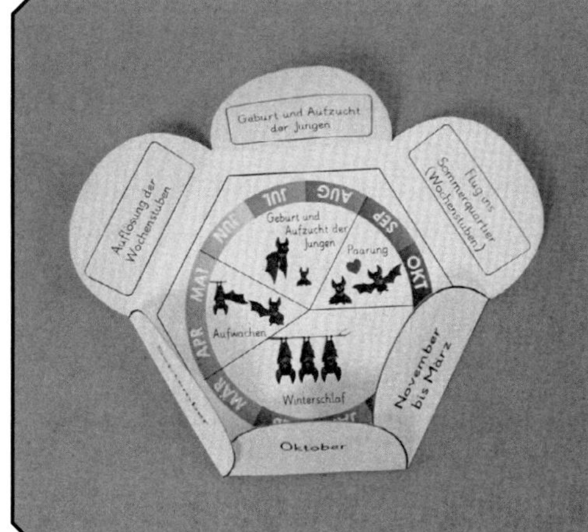

LAPBOOK FLEDERMAUS
Die Nachtschwärmer kreativ erarbeiten – Bestell-Nr. 13 009
KOHL VERLAG

Jahreslauf der Fledermaus

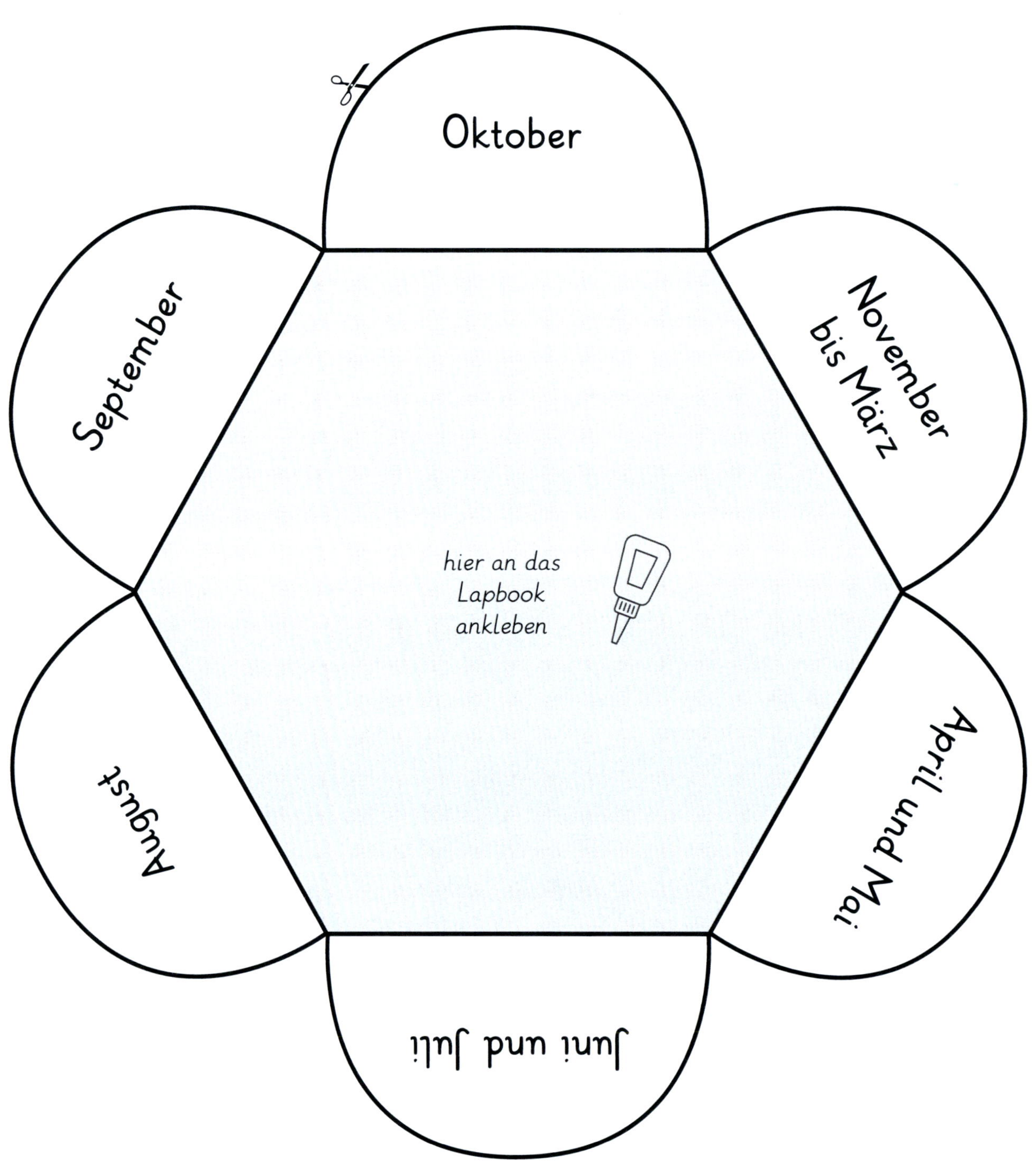

Lösung:
Oktober: Flug ins Winterquartier
November – März: Winterschlaf
April – Mai: Flug ins Sommerquartier – Wochenstuben
Juni, Juli: Geburt und Aufzucht der Jungen
August: Auflösung der Wochenstuben
September: Paarung

Verschiedene Fledermäuse

Die 6 Texte berichten über verschiedene Fledermausarten. Schneide die Texte aus und klebe sie auf die richtigen Fahnen (nächste und übernächste Seite). Schneide die Fahnen aus, loche die Kreismarkierungen und verbinde so den Fahnenstapel mit einer Briefklammer. Stecke es in die Tasche „Verschiedene Fledermäuse".

Das Braune Langohr wird etwa 42 bis 53 mm groß und wiegt 5 bis 11 g. Es mag Laub- und Nadelgehölze. Als Schlafplätze nutzen sie Bäume, manchmal Vogel- oder Fledermauskästen oder Gebäude. Es jagt vor allem mittelgroße Nachtfalter, Zweiflügler und Käfer. Es kann über 30 Jahre alt werden.

Das Große Mausohr ist eine der größten heimischen Fledermäuse. Es wird 8 cm lang und wiegt etwa 35 g. Es kann bis zu 20 Jahren alt werden. Mausohren jagen Spinnen und große Insekten wie Laufkäfer, Mistkäfer, Maikäfer, Raupen, Heuschrecken, Grillen und Nachtfalter.

Die Zwergfledermaus ist eine der kleinsten Fledermäuse Europas. Sie wird 4 – 5 cm lang und wiegt 5 g. Sie frisst kleine fliegende Insekten, wie Mücken, Käfer und Falter. Sie jagt nach Einbruch der Dämmerung. Sie wird 4 – 5 Jahre alt.

Der große Abendsegler ist 8 bis 10 cm lang und wiegt 30 bis maximal 40 g. Er lebt vor allem in Wäldern. Dort bewohnt er Baumhöhlen, meist alte, verlassene Höhlen von Spechten. Gerne frisst er Insekten. Besonders mag er Fliegen, Käfer und Motten.

Die Kleine Hufeisennase wird 3,5 – 4 cm groß und wiegt 5 – 9 g. Sie frisst meist fliegende Insekten wie Nachtfalter, Mücken und Käfer. Sie halten sich gerne in Baumhöhlen und Tunneln, aber auch in Dachböden und Heizungskellern auf. Sie kann bis zu 21 Jahre alt werden.

Die Wasserfledermaus wird um die 5 cm groß und wiegt 7 – 15 g. Sie jagt am liebsten über Gewässern, auch an kleineren Teichen und Bächen. Sie fängt Zuckmücken und andere Insekten. Mit ihren großen Füßen kann sie sogar kleine Fische fangen. Sie wird bis zu 3 Jahre alt.

Verschiedene Fledermäuse

Braunes Langohr

Großes Mausohr

Zwergfledermaus

Verschiedene Fledermäuse

Großer Abendsegler

Kleine Hufeisennase

Wasserfledermaus

KOHL VERLAG LAPBOOK FLEDERMAUS Die Nachtschwärmer kreativ erarbeiten – Bestell-Nr. 13 009

Verschiedene Fledermäuse